Entspannungsgeschichten und Ruheübungen

für Kita-Kinder

Yoga- und Stilleübungen, Traumreisen, meditative Angebote u. v. m.

Praxisreihe Kindergarten

Inhaltsverzeichnis

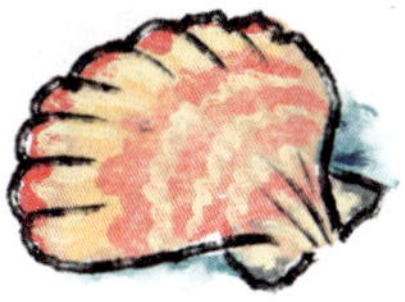

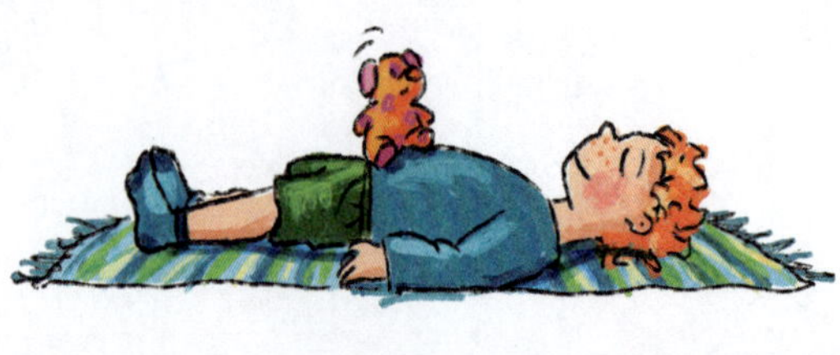

Entspannung für Kita-Kinder

Warum Entspannung in der Kita wichtig ist

Kinder verbringen mittlerweile mehrere Stunden oder teilweise auch den ganzen Tag in der Kita. Das ist sehr anstrengend für sie. Sie müssen mit der Lautstärke in einer großen Gruppe zurechtkommen, sich an soziale Regeln halten und haben nur eingeschränkt die Möglichkeit, sich zurückzuziehen. Deshalb ist es wichtig, sowohl die aktiven als auch die ruhigen Phasen gemeinsam mit den Kindern zu gestalten.

Wie kann ich Entspannung in den Tagesablauf der Kita einbauen?

Wichtig ist die Akzeptanz, dass trotz Bildungsplänen, Projekten und Elternwünschen nicht nur die Bildung des Kindes im Vordergrund stehen sollte, sondern diese auch ein Recht auf Ruhe, Rückzug und Entspannung haben. Sinnvoll ist es, dies auch in der Kita-Konzeption zu verankern, damit die Eltern darüber informiert sind. Sie können nach aktiven Phasen, z. B. nach der Projektarbeit und vor Übergängen wie dem Mittagessen oder während der Mittagsruhe, Zeiten der Entspannung einplanen.

Welche Formen der Entspannung sind für Kinder sinnvoll?

Die Möglichkeiten zur Entspannung sind vielfältig und reichen von ruhiger Entspannung wie Stilleübungen über aktive Entspannung wie Yoga bis hin zu rhythmischen Übungen und ruhigen Tänzen.

Dieses Buch bietet Ihnen viele verschiedene Anregungen. Sie können je nach Gruppe, aktueller Tagessituation und Vorlieben der Kinder aus den verschiedenen Möglichkeiten auswählen und diese individuell an die eigene Gruppe anpassen.

Wichtig ist, dass es keinen Zwang zu vorgegebener Entspannung in der gesamten Kita-Gruppe gibt. Entspannung muss nicht immer mit der ganzen Gruppe praktiziert werden, sondern vorzugsweise in Kleingruppen.

Besonders für lebhafte und aktive Kinder kann es sehr anstrengend sein, ruhig liegen und zuhören zu müssen. Hier kann Entspannung auch durch Yoga, Tanzen oder durch Malen zu Musik gelingen.

Tipps zum Gelingen

Die Teilnahme sollte nach Möglichkeit immer freiwillig sein.
Die Entspannung sollte in Kleingruppen durchgeführt werden, da hier der Entspannungseffekt größer ist.
Entspannung sollte nicht als Projekt angesehen werden, das es zusätzlich zu erledigen gilt, sondern als Möglichkeit zur Erholung sowohl für die Kinder als auch in gewissem Rahmen für die pädagogische Fachkraft.
Entspannungsübungen und -rituale sollten von den Fachkräften durchgeführt werden, die Spaß daran haben und diese nicht als zusätzliche Belastung empfinden.
Wenn sich Kinder nur ungern massieren lassen oder Berührungen aus religiösen oder anderen Gründen schwierig sind, das Kind aber dennoch mitmachen möchte, können Sie dem Kind anbieten, die Massagegeschichten an einem Kuscheltier durchzuführen.
Bei Massageübungen sollte ein Nein der Kinder, wenn ihnen etwas unangenehm ist, unbedingt akzeptiert werden.
Hilfreich ist es, wenn Sie den Kindern die Yogaübungen vorzeigen. Geben Sie den Kindern bei Bedarf auch Hilfestellung und motivieren Sie die Kinder, wenn eine Übung nicht auf Anhieb gelingt.

Sie können einen Entspannungsordner mit den Lieblingsübungen der Kinder anlegen. Wenn Sie diese mit passenden Bildern versehen, können sich die Kinder selbstständig etwas davon auswählen.

Entspannt durch die vier Jahreszeiten und den Advent

Das Erleben der Jahreszeiten wird in den Kitas zumeist vielfältig thematisiert. Projekte und Aktionen in unterschiedlichen Umfängen bringen den Kindern den Jahresverlauf näher. Aber nicht nur diese Angebote können durchgeführt werden. Es gibt auch zahlreiche Entspannungsideen zu den einzelnen Jahreszeiten, die viel Spaß bringen können.

Komm und spür den Wald!

Ein Ruhe-Erlebnis mit Waldgefühl

Ab 4 Jahren

Der Wald ist für die Kinder meist ein tolles Erlebnis, da es dort viel zu entdecken und zu erleben gibt. Die Geschichte eignet sich als Vorbereitung für einen gemeinsamen Waldspaziergang oder einen Waldtag.

Das brauchen Sie

- **Eine kleine Matte pro Kind**
- **Klangschale**
- **CD-Player mit Entspannungsmusik**
- **Schale mit Materialien aus dem Wald**

Legen Sie die Matten bereit und stellen Sie die Schale mit den Waldmaterialien als Bodenbild in die Mitte. Betrachten Sie zuerst gemeinsam mit den Kindern die Materialien aus dem Wald. Kennen die Kinder die Dinge mit Namen? Lassen Sie die Kinder zur Einstimmung die Materialien ertasten. Spielen Sie die Entspannungsmusik, bis alle Kinder auf ihren Matten liegen. Läuten Sie die Klangschale und lesen Sie die Geschichte vor.

Geschichte

Morgen machen wir im Kindergarten einen Waldspaziergang. Da freue ich mich schon darauf. Ich war mit Mama und Papa und mit meiner kleinen Schwester schon im Wald, aber noch nie mit meiner Kindergartengruppe. Ich bin ein bisschen aufgeregt. Hoffentlich verlaufen wir uns nicht und hoffentlich verliere ich die anderen nicht.

Endlich ist es so weit und wir gehen gemeinsam los. Vorher müssen wir uns natürlich wie immer die Regeln für einen Ausflug anhören. Eigentlich wissen wir ja schon, dass wir im Wald nichts abpflücken und essen dürfen, obwohl es so viele lecker aussehende Beeren und schöne bunte Blätter gibt.

Außerdem probieren wir heute im Wald etwas Neues aus. Wir machen einen Wahrnehmungsspaziergang! Das bedeutet, dass wir nicht sprechen und uns nur auf die Geräusche des Waldes konzentrieren.

Wir müssen ein paar Haltestellen mit dem Bus fahren. Das ist auch ganz schön aufregend. Ich bin noch nicht so oft Bus gefahren, meistens fahre ich mit Mama und Papa im Auto oder mit meinem Fahrrad.

Als wir am Wald angekommen sind, sollen wir alle ganz still sein und beim Gehen lauschen, was wir an Geräuschen hören können. Es ist gar nicht so einfach, nicht zu sprechen, denn im Wald gibt es so viel Spannendes zu sehen, dass ich am liebsten sofort meinen Freunden davon erzählen möchte.

Läuten Sie nach dem Lesen der Geschichte erneut die Klangschale.

Was, glauben die Kinder, gibt es für Geräusche im Wald zu hören? Sprechen Sie mit ihnen über ihre Ideen.

Frühlingsmandala

Meditative Kreatividee mit Gänseblümchen

Heute ist es unruhig in der Gruppe? Viele Kinder wissen nicht, was sie spielen sollen und andere toben wild im Gruppenraum herum? Mit einem selbst gelegten Gänseblümchen-Mandala werden alle wieder ruhiger und ausgeglichener.

Ab 3 Jahren

Das brauchen Sie

- **Eine Schüssel mit Gänseblümchen**
- **Ein Teelicht**
- **Feuerzeug oder Streichhölzer**
- **Gelbe und grüne Muggelsteine**
- **CD-Player mit Entspannungsmusik**
- **Sitzkissen für die Kinder**
- **Kamera**

Sammeln Sie zusammen mit den Kindern im Garten des Kindergartens Gänseblümchen, bis die mitgebrachte Schüssel voll ist.
Betrachten Sie zuerst zusammen die Gänseblümchen. Welche Farbe haben die Blüten? Wie fühlen sie sich an? Jedes Kind darf zum Betrachten ein Gänseblümchen in seiner Hand halten. Schalten Sie die Musik ein und läuten Sie die Klangschale. Sobald alle aufmerksam sind, erzählen Sie, was Sie vorhaben.

Gemeinsam möchten wir heute ein Mandala aus Gänseblümchen und gelben und grünen Muggelsteinen legen. Ein Mandala ist ein Bild, das immer eine Kreismitte hat. Hier bei uns ist die Kreismitte das Teelicht.

Zünden Sie jetzt das Teelicht an. Rundherum wird nun ein Bild aus den Gänseblümchen und den Muggelsteinen gelegt.

Jedes Kind darf nacheinander ein Gänseblümchen und einen farbigen Muggelstein zu unserem Mandala legen. Es ist immer nur ein Kind in der Mitte. Die anderen Kinder betrachten ruhig das Geschehen.

Alle Kinder dürfen nacheinander am Mandala weiterlegen, so lange, bis alle Gänseblümchen und Muggelsteine aufgebraucht sind.

Wichtig Sobald Sie eine Kerze anzünden, müssen Sie Wasser für den Notfall bereitstellen.

Variation

Manchen Kindern fällt das Abwarten sehr schwer. Sie können auch anstelle eines gemeinsamen Mandalas jedes Kind sein eigenes Bild legen lassen. Jedes Kind erhält dann eine Schüssel mit Materialien zum Legen. Anstelle eines Teelichtes verwenden Sie einen kleinen gelben Papierkreis. Dieser symbolisiert das Blüteninnere des Gänseblümchens.

Strandspaziergang

Eine Entspannungsreise mit Muscheln und Meeresrauschen

Wenn die Urlaubszeit näher rückt, können Sie mit den Kindern eine meditative Entspannungsgeschichte durchführen. Muscheln sind bei den meisten Kindern sowohl zum Sammeln als auch zum Basteln sehr beliebt.

Das brauchen Sie

- **Eine kleine Matte pro Kind**
- **Klangschale**
- **CD-Player mit Entspannungsmusik (z. B. Meeresrauschen)**
- **Schale mit Sand und Muscheln für die Mitte**

Ab 3 Jahren

Betrachten Sie zuerst zusammen mit den Kindern die Sandschale mit den Muscheln. Lassen Sie jedes Kind den Sand befühlen. Wie fühlt es sich an, den Sand durch die Hände rieseln zu lassen? Jedes Kind darf sich eine Muschel herausnehmen und neben sich legen.

Schalten Sie die Entspannungsmusik an, bis sich die Kinder bequem auf die Matten gelegt haben.

Läuten Sie die Klangschale und sobald der Ton verklungen ist, beginnen Sie mit dem Vorlesen der Geschichte.

Geschichte

Du bist mit deiner Familie im Urlaub in Italien. Dort ist es schön warm und ihr seid fast den ganzen Tag am Strand und badet im Meer.

Heute machst du mit Mama einen Strandspaziergang zum Muschelsammeln. Du hast einen kleinen Sandeimer mitgenommen. Dort hinein möchtest du deine Muscheln legen.

Du gehst barfuß durch den Sand. Der Sand ist ganz heiß. Du schaust während des Gehens immer wieder zu Boden, um Muscheln zu finden. Ein paar Muscheln hast du schon gefunden und gleich in deinen Sandeimer gelegt.

Mama schlägt vor, etwas näher zum Wasser zu gehen, da dort bestimmt mehr Muscheln liegen. Das machen wir auch.

Mama hat recht. Hier gibt es wirklich viel, viel mehr Muscheln. Schade, dass manche Muscheln zerbrochen sind. Du nimmst nur die Muscheln mit, die dir auch wirklich gefallen.

Muscheln sammeln macht richtig Spaß, aber es ist auch ganz schön anstrengend. Besonders das Gehen im Sand. Du hältst dir eine große Muschel direkt an dein Ohr und glaubst, du hörst durch die Muschel das Meeresrauschen.
Dein Eimer ist voll und ihr geht wieder zurück zu Papa.
Dort schüttest du gleich deinen Eimer mit Muscheln aus und zeigst Papa deine Schätze.
„Was hältst du davon, wenn wir gemeinsam eine Sandburg bauen und sie dann mit deinen tollen Muscheln dekorieren?“, fragt Papa.
„Oh ja, das ist eine tolle Idee, Papa!“
Gemeinsam bauen Papa und du eine wunderschöne Sandburg und durch die Muscheln sieht sie noch viel schöner aus.
Mama macht in der Zeit einen kleinen Mittagsschlaf. Als sie aufwacht, ist eure schöne Sandburg fertig.

Läuten Sie nach dem Lesen der Geschichte erneut die Klangschale.

Das brauchen Sie für die Vertiefung

- **Plastikfolie als Unterlage mit Sand und Muscheln**
- **Sandeimer**

Vertiefung

Lassen Sie die Kinder nacheinander barfuß einen Strandspaziergang machen und Muscheln sammeln. Jedes Kind darf auf dem ausgeschütteten Sand auf der Plastikplane spazieren gehen und die Muscheln in den Eimer einsammeln.
Nach jedem Kind werden die Muscheln wieder ausgeschüttet.

Was blüht denn da so wunderschön?

Eine Sonnenblumenmeditation

Ab 3 Jahren

Sonnenblumen sind die Blumen des Sommers. Überall auf den Feldern sind sie zu finden. Haben sich die Kinder aber schon einmal genauer mit der Sonnenblume beschäftigt?

Das brauchen Sie

- **Eine Vase mit einer Sonnenblume pro Kind**
- **Sitzkissen**
- **Klangschale**
- **CD-Player mit Entspannungsmusik**
- **Eine Schale mit Erde**
- **Eine Schale mit Wasser**
- **Eine Schale mit Sonnenblumenkernen**
- **Tuch zum Abdecken der Materialien**

Richten Sie den Sitzkreis und legen Sie die Materialien verdeckt in die Mitte. Nur die Vase mit den Sonnenblumen ist zu sehen.

Spielen Sie die Entspannungsmusik, bis alle Kinder bequem auf ihrem Sitzkissen sitzen und zur Ruhe gekommen sind.

Läuten Sie die Klangschale. Überreichen Sie jedem Kind eine Sonnenblume aus der Vase.

Lassen Sie die Kinder zuerst in Ruhe die Sonnenblume betrachten und erfühlen.

Wie fühlt sich der Stiel der Sonnenblume an? Ist er glatt oder uneben? Ist der Stiel kurz oder lang? Welche Farbe haben die Blätter der Sonnenblume? Fühlen sie sich weich oder hart an? Und wie ist die Mitte der Sonnenblume? Fühlt sie sich anders an als die Blütenblätter? Welche Farbe hat sie?

Dann erzählen Sie die Geschichte, wie die kleine Sonnenblume entstanden ist.

Geschichte

Du hältst in deinen Händen eine wunderschöne Sonnenblume. Aber die Sonnenblume war nicht immer eine große Sonnenblume, sie musste erst wachsen. Dazu brauchte die kleine Sonnenblume etwas Erde.

Die Kinder dürfen nacheinander die Schale mit Erde befühlen. In die Erde werden dann Samen eingegraben. Die Kinder dürfen nun auch die Sonnenblumenkerne befühlen. Wer möchte den Sonnenblumenkern kosten?

Aber um wachsen zu können, benötigte die Sonnenblume auch noch ganz viel Sonne und Wasser. Nur durch die Sonne und das Wasser konnte die kleine Sonnenblume aus einem Samenkorn keimen und zu einer wunderschönen Sonnenblume wachsen.

Nun dürfen die Kinder das Wasser in der Schüssel befühlen und anschließend ein kleines bisschen davon über die eingegrabenen Sonnenblumenkerne geben.

Läuten Sie nach dem Lesen der Geschichte erneut die Klangschale.

Mais und Kastanien

Eine Sortierübung, um zur Ruhe zu kommen

Kindern macht es meistens Spaß, etwas zu sortieren. Diese Sortierübung eignet sich gut, wenn die Kinder sich zurückziehen möchten und eine Beschäftigung für sich alleine suchen.

Das brauchen Sie

- **Kastanien**
- **Maiskolben**
- **Verschiedene Schüsseln**
- **Siebe in verschiedenen Größen**
- **Esslöffel und Teelöffel**
- **Kleine Schüttgefäße**

Ab 2 Jahren

Lösen Sie die Maiskörner von den Maiskolben und geben Sie diese zusammen mit den Kastanien in eine große Schüssel.

Übungen

1. Übung: Was fühlst du?
Jetzt lassen Sie das Kind verdeckt unter einem Tuch mit den Händen fühlen. Was könnte in der Schüssel sein? Gelingt es, das Rätsel zu lösen?

2. Übung: Sortiere Kastanien und Mais auseinander
Zeigen Sie dem Kind, wie die Sortierübung funktioniert. Lassen Sie das Kind in Ruhe die Übung durchführen.
Sie können das Kind dabei beobachten. Wie geht es vor? Sortiert es zuerst die großen Kastanien aus oder die Maiskörner oder durcheinander? Sortiert es mit den Händen oder benutzt es die Löffel? Arbeitet es konzentriert oder lässt es sich leicht ablenken?

Sie können entweder die Schüttmaterialien für eine Woche in der Freispielzeit zur Verfügung stellen oder aber das Sortierspiel an einem Tag gezielt anbieten.

Heute gibt es Pflaumenkuchen!

Eine Massagegeschichte für die Erntezeit

Wenn die Kinder in der Gruppe sehr anhänglich sind und Körperkontakt benötigen, eignet sich diese Massagegeschichte. Massagegeschichten bereiten den meisten Kindern Freude und sie können aktiv in die Ruhe finden.

Das brauchen Sie

- **Eine kleine Matte pro Kind**
- **Klangschale**
- **Pflaumen in der Schüssel als Anschauungsobjekt und zum abschließenden Naschen**

Ab 3 Jahren

Betrachten Sie mit den Kindern zuerst die Pflaumen. Wer von ihnen isst gerne Pflaumen? Wie schmecken ihnen die Pflaumen? Schmecken Pflaumen süßlich oder sauer?
Machen Sie den Kindern die Massagegeschichte zuerst an einem Kind vor, das freiwillig möchte.
Sprechen Sie mit den Kindern darüber, dass jedes Kind, das massiert wird, das Recht hat, Nein zu sagen, wenn ihm eine Berührung unangenehm ist. Es ist wichtig, dass dies dann auch akzeptiert und abgebrochen beziehungsweise die bestimmte Berührung ausgelassen wird.
Jetzt dürfen die Kinder die Massagegeschichte selbst durchführen. Begleiten Sie die Kinder durch die Geschichte und bieten Sie ihnen bei Bedarf Hilfestellung an.
Die Kinder wechseln sich nach Beendigung der Geschichte ab.
Läuten Sie nun die Klangschale.

Geschichte

Heute wollen wir einen Pflaumenkuchen backen. Dazu benötigen wir zuerst den Teig: Wir schütten Zucker und Vanillezucker in eine Schüssel.

das Schütten mit den Händen nachspielen und den Rücken des anderen Kindes leicht berühren

Wir geben Butterflocken hinzu.

den Rücken des Kindes mit den Fingerspitzen leicht anstupsen

Jetzt rühren wir noch drei Eier hinein.

mit einer Hand dreimal eine Rührbewegung machen

Mehl und Backpulver in kleinen Dosen hinzuschütten.

mehrmals hintereinander Schüttbewegungen machen

Noch einen Schuss Milch hinzugeben.

nochmals eine Schüttbewegung machen

Jetzt müssen wir das Ganze zu einem Teig verkneten. Das ist gar nicht so einfach und dauert eine Weile.

den Rücken des anderen Kindes leicht kneten

Endlich passt der Teig und wir können ihn ausrollen.

die Hände zu einer Faust machen und Rollbewegungen auf dem Rücken des Kindes durchführen

Geschafft!
Die Pflaumen werden jetzt einzeln auf unseren Teig gelegt.

das Kind leicht auf dem Rücken antippen

Unser Kuchen kommt in den Ofen.

dazu beide Hände auf den Rücken des Kindes legen

Endlich ist unser Kuchen fertig.
Mmhh, schmeckt der lecker!

mit den Händen den Bauch reiben

Läuten Sie nach dem Lesen der Geschichte erneut die Klangschale.
Zum Abschluss essen Sie gemeinsam die Pflaumen.

Wenn es schneit …

Meditative Tanzideen für kleine Schneeflöckchen

Es ist wunderschön, Schneeflocken zu betrachten, wenn sie vom Himmel fallen. Dies können Sie mit den Kindern nachtanzen und nachspielen. Durch die ruhigen Bewegungen gelingt es den Kindern, zur inneren Ruhe zu finden.

Ab 3 Jahren

Das brauchen Sie

- **Ein weißes Chiffontuch pro Kind**
- **CD-Player mit dem Lied „Schneeflöckchen, Weißröckchen"**

Hören Sie zu Beginn mit den Kindern das Lied „Schneeflöckchen, Weißröcken" an. Wer von den Kindern kennt das Lied? Kann es jemand singen?
Jetzt hören Sie nochmals das Lied und die Kinder können mitsingen, wenn sie dies möchten. Verteilen Sie an jedes Kind ein weißes Chiffontuch.

Lassen Sie die Kinder experimentieren, was man alles mit dem Chiffontuch machen kann.

Beispielsweise:
- hochwerfen
- wie einen Schneeball werfen
- auf die verschiedensten Weisen damit oder darauf balancieren
- hinter sich in der Luft herziehen
- hin- und herschwingen

Lassen Sie die Kinder jetzt zu dem Lied „Schneeflöckchen, Weißröckchen" nach Belieben als Schneeflocke tanzen. Die Kinder sollen die Musik spüren und sich dazu bewegen.

Unterwegs zum Winter-Picknick

Eine Abenteuer-Wanderung im Schnee

Wenn es geschneit hat, freuen sich die Kinder, wenn sie im Schnee spielen können. Machen Sie mit den Kindern einmal bewusst einen Spaziergang durch die verschneite Winterlandschaft, um die Veränderungen in der Natur zu beobachten. Hier werden auch lebhafte Kinder bald müde und entspannt.

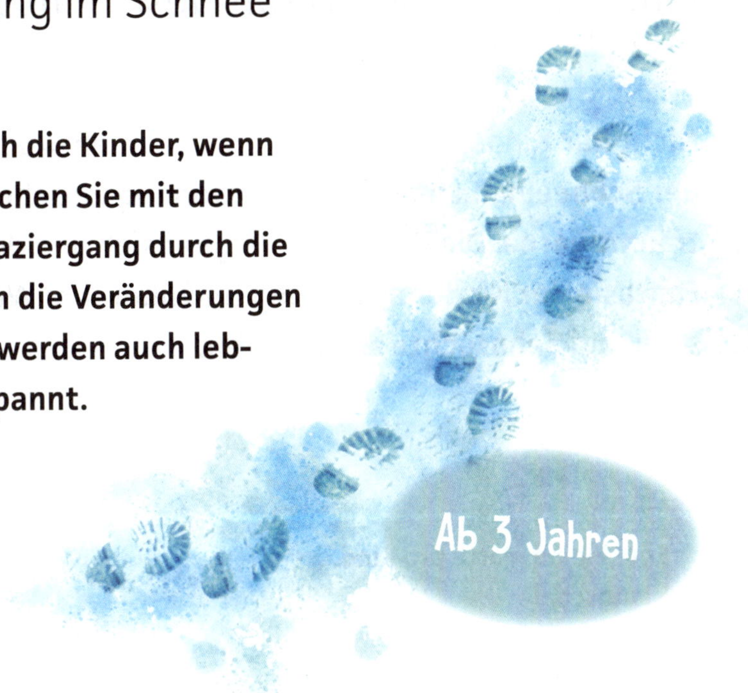

Das brauchen Sie

- **Warme Winterkleidung**
- **Maßband**

Informieren Sie die Eltern frühzeitig mit einem persönlichen Elternschreiben darüber, dass Sie eine Winterwanderung mit den Kindern durchführen möchten, und bitten Sie sie darum, für die passende Winterbekleidung zu sorgen.

Übungen

Beim gemeinsamen Spaziergang können die Kinder viele Erfahrungen machen.

1. Übung: Wie hört sich Schnee an?
Achten Sie mit den Kindern darauf, wie sich das Gehen im Schnee anhört.

2. Übung: Wer hat die größten Fußspuren?
Betrachten Sie die Fußspuren der Kinder. Wer hat von den Kindern die größten Füße? Das lässt sich anhand der Fußabdrücke feststellen. Die Kinder können die größten Füße durch das Messen mit einem Maßband herausfinden.

3. Übung: Eine Fußspur für alle
Gehen Sie in kleinen Schritten ein Stück voran. Alle Kinder sollen versuchen, in Ihre Fußspuren zu treten und dadurch keine eigenen zu hinterlassen. Gelingt das?

4. Übung: Was habe ich gemalt?
Jetzt stellen sich alle in einem Kreis auf. Zeichnen Sie verschiedene Gegenstände mit dem Finger in den Schnee und lassen Sie die Kinder diese erraten. Sie können für jedes Kind einen Gegenstand malen. Der Schwierigkeitsgrad kann je nach Alter des Kindes variieren. Vielleicht möchten die Kinder ja auch einmal probieren, etwas in den Schnee zu zeichnen und von den anderen Kindern erraten zu lassen?

5. Übung: Schneeengel
Alle legen sich auf den Rücken und bewegen Arme und Beine gleichzeitig auf und ab. Das so entstandene Muster sieht wie ein Engel aus.

Wenn Schneemänner träumen ...

Eine fantasievolle Traumgeschichte für kalte Tage

Nicht nur Kinder und Erwachsene träumen. Auch der Schneemann in dieser Entspannungsgeschichte träumt gerne. Die Geschichte eignet sich, um die Fantasie der Kinder anzuregen und über ihre Wünsche und Sehnsüchte zu sprechen.

Ab 3 Jahren

Das brauchen Sie

- **Eine kleine Matte pro Kind**
- **Klangschale**

Legen Sie die Matten aus und verdunkeln Sie den Raum leicht.
Läuten Sie die Klangschale und beginnen Sie mit dem Vorlesen der Geschichte.

Geschichte

Es war einmal ein kleiner Schneemann, der von den Kindern im Kindergarten liebevoll gebaut wurde. Die Kinder rollten drei Kugeln und setzten sie aufeinander. Dann bekam der Schneemann einen wunderschönen Topf als Hut und eine Karottennase. Die Kinder tauften den Schneemann auf den Namen Otto.
Otto, der Schneemann, war wunderschön. Die Kinder betrachteten ihn immer, wenn sie im Garten waren, und passten gut auf, dass er nicht kaputtging. Manche Kinder unterhielten sich sogar mit dem Schneemann. Dann hatten sie das Gefühl, Otto lachte ihnen zu, und sie freuten sich darüber.
Auch aus dem Fenster beobachteten die Kinder den Schneemann. Was sie aber nicht wussten: Nicht nur sie beobachteten den Schneemann, sondern der Schneemann beobachtete auch die Kinder. Otto freute sich immer sehr darauf, wenn die Kinder in die Garderobe gingen, um ihre warme Winterkleidung für den Garten anzuziehen. Viel zu kurz kam ihm die Zeit vor, die die Kinder bei ihm im Garten verbrachten.
Er träumte davon, wie es wohl wäre, wenn er mit den Kindern im Gruppenraum stehen würde. Dann wäre er immer bei den Kindern und könnte auch zuhören, wenn sie Lieder sangen. Lieder über den Winter und ihr Schneemannlied gefielen dem Schneemann ganz besonders. Doch leider würde das ein Traum bleiben, denn auch der Schneemann wusste, dass es im Haus viel zu warm war und er dort sofort schmelzen würde. Aber es war trotzdem ein sehr schöner Traum für Otto, den Schneemann.

Was passst nicht zum Advent?

Sortierspiel für Konzentration und Stille

Ab 3 Jahren

Wenn einzelne Kinder in der Gruppe sehr unruhig sind, können sie sich mit diesem adventlichen Sortierspiel beschäftigen. Hier ist Konzentration gefragt und sie werden dadurch ruhiger. Ob es den Kindern gelingt, alles richtig zu sortieren?

Das brauchen Sie

- **Tannenzapfen**
- **Christbaumkugel**
- **Stern**
- **Kleines Glöckchen**
- **Kleine Kerze**
- **Luftschlangen**
- **Sonnenbrille**
- **Badeanzug**
- **Clownsnase**
- **Sonnencreme**
- **Eine Wanne mit den gesamten Materialien**
- **Zwei große Schüsseln zum Sortieren**

Suchen Sie die Gegenstände zusammen und legen Sie diese durcheinander in die Wanne. Zuerst dürfen sich die Kinder eine Weile mit den Gegenständen beschäftigen:

- sie genau ansehen
- sie befühlen
- überlegen, wie die Gegenstände heißen
- überlegen, was man damit machen kann
- sich überlegen, ob sie so etwas auch zu Hause haben

Jetzt dürfen die Kinder beginnen, die Materialien zuzuordnen. Welche Materialien passen zum Advent? Diese legen sie in eine Schüssel. Die Materialien, die nicht zum Advent passen, legen sie in die andere Schüssel. Zur Unterstützung können Sie auf eine Schüssel das Bild einer Kerze kleben, so bringen die Kinder die Schüsseln nicht durcheinander. Wenn sie fertig sind, können die Kinder ihre Zuordnung noch einmal überprüfen.
Gemeinsam überlegen Sie mit den Kindern, ob alles richtig sortiert oder etwas in der falschen Schüssel gelandet ist.

Vertiefung

Nachdem die Kinder mit dieser Übung vertraut sind, können Sie diese noch etwas schwieriger gestalten. Dazu legen Sie Bildkarten oder laminierte Fotos von den Gegenständen hinzu. Die Kinder dürfen diese dann auf den jeweiligen Gegenstand legen. Erkennen die Kinder die Gegenstände auch als Zeichnung oder Foto?

Tannenzweig-Rhythmik

Durch Bewegung und Musik aktiv zur Ruhe finden

Der Duft von frischen Tannenzweigen löst Wärme und Wohlbefinden in uns aus. Wenn die Kinder aufgrund der zahlreichen oft hektischen Aktivitäten in der Adventszeit unruhig sind, können Sie mithilfe dieser rhythmischen und wohlduftenden Einheit durch sanfte Bewegungen und Musik zur Ausgeglichenheit der Kinder beitragen.

Ab 3 Jahren

Das brauchen Sie

- **Ein Sitzkissen pro Kind**
- **Ein Tannenzweig pro Kind in einer großen Schüssel**
- **Xylofon und Metallofon oder alternativ Glockenspiel**
- **Klangschale**

Legen Sie die Sitzkissen und Musikinstrumente bereit. Versammeln Sie sich mit den Kindern im Kreis. Läuten Sie jeweils zu Beginn einer Übung die Klangschale.

Übungen

1. Übung: Einen Tannenzweig nehmen und wieder auf den Platz gehen

Sobald Sie die Klangschale anschlagen, darf das Kind, das Sie berühren, leise aufstehen, sich einen Tannenzweig nehmen und dann wieder hinsetzen. Erst wenn das Kind wieder auf seinem Platz sitzt und Sie die Klangschale erneut angeschlagen haben, steht das nächste Kind auf, um sich seinen Tannenzweig zu holen. Diese Übung wird so lange wiederholt, bis alle Kinder einen Tannenzweig haben.

2. Übung: Wir beschäftigen uns mit dem Tannenzweig

Die Kinder dürfen sich jetzt mit ihrem Tannenzweig im Sitzen beschäftigen. Wie fühlt er sich an? Spitz? Stachelig? Oder weich? Wie riecht er? Kitzelt er, wenn ich damit über meine Hand streiche?

Sobald Sie die Klangschale erneut anschlagen, endet die Übung.

3. Übung: Wir werden groß mit unserem Tannenzweig

Spielen Sie mehrmals hintereinander alle Töne des Glockenspiels. In dieser Zeit dürfen sich die Kinder ganz groß machen und auf Zehenspitzen mit hochgestreckten Armen im Raum beliebig umhergehen. Den Tannenzweig strecken sie dabei hoch in die Luft.
Sobald Sie die Klangschale erneut läuten, gehen alle Kinder wieder zurück zu ihren Plätzen.

4. Übung: Wir machen uns ganz klein mit unserem Tannenzweig

Während Sie die Tonleiter mehrmals auf dem Xylofon spielen, dürfen sich die Kinder mit dem Tannenzweig ganz klein machen und in der Hocke versuchen, durch den Raum zu gehen.
Sobald Sie die Klangschale erneut läuten, versammeln sich alle Kinder wieder im Kreis.

5. Übung: Wir bewegen uns schnell durch den Raum

Streichen Sie mehrfach das Metallofon rauf und runter. Solange Sie spielen, dürfen sich die Kinder mit ihrem Tannenzweig in der Hand schnell bewegen.
Sobald Sie die Klangschale erneut anschlagen, laufen alle Kinder wieder an ihren Platz.

6. Übung: Wir bewegen uns ganz langsam durch den Raum

Solange Sie nacheinander einzelne Töne des Xylofons anschlagen, dürfen sich die Kinder nur ganz langsam im Raum bewegen.
Sobald Sie die Klangschale erneut läuten, gehen die Kinder ganz langsam zu ihrem Platz.

7. Übung: Die Tannenzweige werden zurückgebracht

Das Kind, das Sie berühren, darf langsam aufstehen und seinen Tannenzweig zurück in die Schüssel legen. Erst wenn es wieder auf seinem Platz sitzt und Sie die Klangschale geläutet haben, ist das nächste Kind an der Reihe. Die Übung wird so lange wiederholt, bis alle Kinder ihren Tannenzweig zurückgelegt haben.

Sprechen Sie mit den Kindern über die einzelnen Übungen. Welche Übung hat ihnen am besten gefallen? Gab es etwas, dass sie schwierig fanden?

Vertiefung

Sie können die Einheit wiederholen und dann die Kinder die beiden Instrumente spielen lassen. Das wird ihnen mit Sicherheit gefallen. Wechseln Sie dazu nach jeder Übung ab, sodass alle Kinder, die möchten, einmal ein Instrument spielen dürfen.

Ein Adventskranz zum Legen

Meditativ und kreativ in die Weihnachtszeit

Als Einstimmung auf den Advent können Sie bereits vor dem Anzünden der ersten Kerze mit den Kindern einen großen Adventskranz legen. So wecken Sie die Vorfreude auf das Fest.

Ab 3 Jahren

Das brauchen Sie

- **Einen großen Reifen**
- **Viele Tannenzweige**
- **Tannenzapfen**
- **Kleine Christbaumkugeln**
- **Mehrere Schleifen**
- **Vier Kerzen**
- **Ein Sitzkissen pro Kind**
- **Klangschale**

Organisieren Sie alle Materialien und legen Sie diese bereit. Legen Sie die Sitzkissen im Kreis aus und läuten Sie die Klangschale.

Nehmen Sie sich einen Tannenzweig und legen diesen auf den Reifen. Erst wenn Sie wieder sitzen, steht das erste Kind auf und legt seinen Tannenzweig daneben auf den Reifen. Nacheinander wird der Reifen so in die Form eines Adventskranzes gelegt.
Sobald alle Tannenzweige verbraucht sind und der Adventskranz gelegt ist, läuten Sie erneut die Klangschale.
Jetzt suchen Sie sich ein Dekorationsmaterial aus und schmücken damit den Kranz. Sobald Sie die Klangschale läuten, darf das Kind, das Sie berühren, ebenfalls den Adventskranz dekorieren.

Der Kranz wird so lange dekoriert, bis alle Kinder an der Reihe waren.
Zum Abschluss werden nacheinander noch die vier Kerzen auf den Adventskranz gestellt.

Sprechen Sie zusammen während des Legens bei jedem Kind folgenden Spruch:

Wir legen einen runden Kranz.
Schön und fein wird unser Kranz gebunden sein.

Läuten Sie zum Abschluss erneut die Klangschale.
Betrachten Sie anschließend gemeinsam in Ruhe ihren Adventskranz. Was gefällt den Kindern daran am besten?

Vertiefung

Singen Sie mit den Kindern ein Adventslied, das Sie während der gesamten Adventszeit begleitet. Das traditionelle Lied „Wir sagen euch an den lieben Advent" eignet sich besonders gut, da jede Woche eine Strophe mehr gesungen werden kann.

Entspannt durch Entspannungs-geschichten

Gemütlich einer Geschichte lauschen, sich die Bilder zu der Geschichte vorstellen, zur Ruhe finden – all das beinhalten Entspannungsgeschichten. Je öfter Sie in Ihrer Gruppe Entspannungsgeschichten durchführen, desto leichter wird es den Kindern gelingen, sich auf diese einzulassen und in die Entspannung zu finden.

Vom Frosch, der gerne ein Haustier wäre

Eine Fantasiegeschichte übers Wünschen

Auch der Frosch in der Geschichte hat Träume und Wünsche, genauso wie die Kinder. Und manchmal muss man geduldig sein, bis sich Wünsche erfüllen.

Ab 3 Jahren

Das brauchen Sie

- **Eine kleine Matte pro Kind**
- **Klangschale**

Bereiten Sie den Raum vor. Legen Sie die Matten aus und verdunkeln Sie den Raum leicht. Läuten Sie die Klangschale und wenn diese verstummt ist, beginnen Sie mit dem Vorlesen der Entspannungsgeschichte.

Geschichte

Es war einmal ein kleiner Frosch. Er lebte in einem Teich. Eigentlich gefiel es dem kleinen Frosch dort sehr gut, doch er hatte einen Wunsch: Er wäre so gerne ein Haustier. Er dachte an all die Katzen, Hasen, Hunde, Vögel und Fische, die alle ein Zuhause hatten. Aber wer wollte schon einen Frosch als Haustier haben? Niemand. Das machte den kleinen Frosch sehr traurig.

Eines Tages kam ein kleines Mädchen mit seiner Mutter am Teich vorbei. Das Mädchen beobachtete den kleinen Frosch lange und der kleine Frosch quakte dem Mädchen freundlich zu. Jeden Tag kam das kleine Mädchen zu Besuch und der Frosch und das Mädchen wurden gute Freunde. Eines Tages fragte das Mädchen den Frosch, ob er im Gartenteich des Mädchens wohnen wollte. Und ob der kleine Frosch das wollte! Er hüpfte sofort auf die ausgestreckte Hand des kleinen Mädchens und lies sich zu ihrem Zuhause tragen. Zufrieden hüpfte er in den kleinen Gartenteich. Jetzt waren beide glücklich: der Frosch und das kleine Mädchen.

Läuten Sie nach dem Lesen der Geschichte erneut die Klangschale.

In die Luft gepustet

Traumreise mit Seifenblasen

Ab 3 Jahren

Die meisten Kinder lieben es, Seifenblasen zu betrachten, ihnen hinterherzujagen, sie zerplatzen zu lassen oder sie selbst zu pusten. Aber auch um zur Ruhe zu kommen, eignen sich Seifenblasen hervorragend.

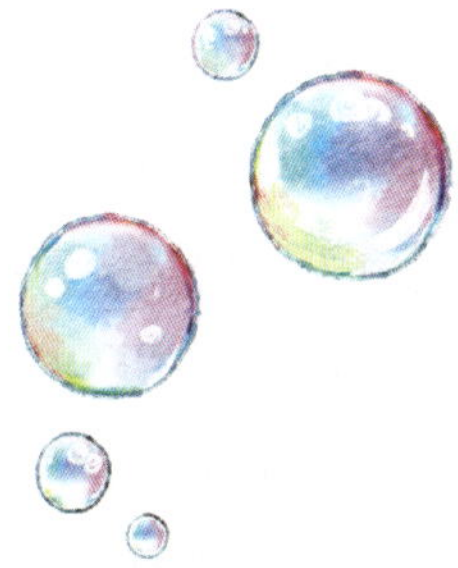

Das brauchen Sie

- **Eine kleine Matte pro Kind**
- **Seifenblasenflüssigkeit**
- **Klangschale**

Rezept für Seifenblasen

- **750 g Neutralseife (gibt es z. B. im Drogeriemarkt)**
- **500 g Zucker**
- **40 g Tapetenkleister**
- **Fünf Liter Wasser**
- **Großer Eimer**
- **Schneebesen**

Zuerst wird ein Liter heißes Wasser in einen großen Eimer geschüttet. Seife, Zucker und Tapetenkleister werden hinzugegeben. Es wird so lange mit einem Schneebesen gerührt, bis sich alles im Wasser aufgelöst hat. Jetzt werden noch vier Liter lauwarmes Wasser unter ständigem Rühren hineingegeben. Wichtig ist, dass dabei kein Schaum entsteht. Die Flüssigkeit muss ungefähr fünf Stunden ruhen, bevor sie verwendet werden kann.
Versammeln Sie sich mit den Kindern im Kreis. Beginnen Sie, Seifenblasen zu pusten. Bitten Sie die Kinder, nichts zu machen, außer die Seifenblasen zu betrachten. Mit der Zeit finden die Kinder immer mehr zur Ruhe.

Nacheinander darf jetzt jedes Kind selbst einmal Seifenblasen pusten, die anderen Kinder sehen dabei zu.
Jetzt legen sich alle Kinder auf die Matte, Sie läuten die Klangschale und die Entspannungsgeschichte beginnt.

Geschichte

Schließe deine Augen. Stell dir vor, es ist ein warmer Sommertag und du liegst im Gras. In deiner Nähe ist ein kleiner See. Du schaust zum Himmel hoch und siehst plötzlich wunderschöne Seifenblasen in der Luft schweben. Du siehst dich um. Wo sie wohl herkommen? Aber du weißt es nicht, auf einmal sind sie da. Es sind kleine Seifenblasen und auch ganz große. Manche fliegen ganz hoch in die Luft, andere zerplatzen gleich wieder.
Wie es wohl ist, als Seifenblase durch die Luft zu fliegen?
Einige Seifenblasen fliegen zu dem kleinen See in der Nähe. Es sieht wunderschön aus, wie sie am Wasser entlanggleiten und sich auf der Wasseroberfläche spiegeln. Langsam zerplatzen nacheinander alle Seifenblasen.
Du öffnest jetzt deine Augen.

Läuten Sie nach dem Lesen der Geschichte erneut die Klangschale.

Lukas feiert Geburtstag

Eine abenteuerliche Entspannungsgeschichte

Kinder lieben Geburtstage. Wenn die Kinder Abenteuerlust und Entdeckerdrang haben, können Sie mit ihnen diese Entspannungsgeschichte durchführen. Als Höhepunkt dürfen die Kinder dann im Anschluss nach einem echten Schatz suchen. Besonders für Kinder, die Entspannungsgeschichten gegenüber weniger aufgeschlossen sind, kann diese Geschichte ein guter Einstieg sein, da sie sehr spannend ist.

Das brauchen Sie

- **Eine Schatzkarte als Geburtstagseinladung**
- **Eine kleine Matte pro Kind**
- **Klangschale**

Ab 4 Jahren

Bereiten Sie die Schatztruhe vor. Legen Sie die Matten aus und verdunkeln Sie den Raum leicht. Läuten Sie die Klangschale und wenn diese verstummt ist, beginnen Sie mit dem Vorlesen der Entspannungsgeschichte.

Geschichte

Du hast eine Geburtstagseinladung von deinem Freund Lukas bekommen. Er wird sechs Jahre alt und du freust dich sehr auf die Feier. Die Einladung ist Teil einer Schatzkarte. Lukas plant an seinem Geburtstag nämlich eine echte Schatzsuche. Du bist ganz aufgeregt. Du hast noch nie eine Schatzsuche gemacht.

Endlich ist der Tag von Lukas' Geburtstagsfeier. Du kommst mit einem kleinen Geschenk, einem Piratenspiel, das sich dein Freund schon lange gewünscht hat. Auch die Einladung, ein Stück von der Schatzkarte, bringst du natürlich mit. Es sind noch vier andere Gäste da. Du kennst alle Kinder aus dem Kindergarten. Alle haben ihr Stück von der Schatzkarte dabei.
Lukas' Mama erklärt euch die Schatzsuche. Im Garten sind vier Hinweise versteckt. Als Erstes sollt ihr den Hinweis mit der Zahl eins suchen.
Matteo findet den ersten Hinweis unter der Schaukel. Dort steht: „Geht zehn Schritte geradeaus."
Gemeinsam geht ihr die zehn Schritte. Du hast Glück und findest den zweiten Hinweis. Dort steht: „Geht zu einem Platz im Garten, an dem es Blumen gibt."
Lukas läuft los. Er will endlich auch einmal als Erster den Hinweis finden.
Er hat Glück, in Mamas Blumenbeet steckt in einer Blume der dritte Hinweis. „Findet den Platz, an dem die Katze Nemo ihren Trinknapf hat."

Schnell sucht ihr dort, wo die Katze ihre Wasserschüssel hat. Lukas weiß als Einziger gleich, wo die Wasserschüssel seiner Katze steht.
Auf dem vierten Hinweis steht: „Bald habt ihr es geschafft. Der Schatz ist dort, wo ihr am liebsten spielt."
Schnell lauft ihr alle zum Kletterturm und beginnt zu graben.
Im Sand findet ihr eine Schatzkiste, die mit Sand gefüllt ist.
Dort ist der vierte und letzte Hinweis versteckt. Hurra!
„Ihr wart fleißige Schatzsucher! Zur Belohnung darf sich jeder von euch einen Schatz heraussieben."
Du freust dich sehr, als du endlich deinen Schatz herausgesiebt hast. Eine tolle Schatzsuche war das!
Auch der Geburtstagskuchen ist lecker. Viel zu früh holt dich Papa schon wieder ab. An deinem Geburtstag willst du unbedingt auch eine Schatzsuche machen.

Läuten Sie nach dem Lesen der Geschichte erneut die Klangschale.

Das brauchen Sie für die Vertiefung

- **Schatztruhe mit Sand und ein kleines Sieb**
- **Schatz für die Schatztruhe (z. B. Schoko-Goldtaler oder kleine Glassteine)**

Vertiefung

Lassen Sie die Kinder nacheinander selbst einen Schatz aus der Schatztruhe sieben. Das bereitet den Kindern großen Spaß. Natürlich kann man auch bei einem Fest eine Schatzsuche durchführen. Wie wäre es z. B. mit einer Eltern-Kind-Schatzsuche?

Auf Fahrradtour

Eine spannende Reise mit dem Gedankenfahrrad

Diese Geschichte können Sie verwenden, wenn in der Gruppe nicht alles so läuft, wie es die Kinder kennen oder erwarten, z. B. wenn ein Ausflug ausfallen muss oder wenn eine Bezugsperson der Kinder krank ist.

Ab 4 Jahren

Das brauchen Sie

- **Eine kleine Matte pro Kind**
- **Klangschale**

Legen Sie die Matten aus und dunkeln Sie den Raum leicht ab. Läuten Sie zu Beginn die Klangschale und beginnen Sie dann langsam, die Geschichte vorzulesen.

Geschichte

Heute hat Mama vorgeschlagen, dass wir alle zusammen eine Fahrradtour machen. Mein Bruder und ich hatten sofort Lust dazu und auch Papa war einverstanden. Es war ein wunderschöner Herbsttag und Mama hat überlegt, dass wir noch einmal zur Eisdiele radeln könnten, bevor diese im Herbst zumacht.
Da waren mein Bruder und ich natürlich sofort dabei.
Wir konnten es kaum erwarten, dass es losging. Wir haben ganz schnell unser Mittagessen gegessen und auch gar nicht herumgetrödelt. Selbstverständlich haben wir auch ganz brav alles aufgegessen, damit Mama nicht schimpft oder sich den Ausflug noch anders überlegt. Ich habe mir schon überlegt, dass ich unbedingt ein Zitroneneis möchte, denn das ist mein Lieblingseis. Mein Bruder isst am liebsten Vanilleeis, Mama mag Mango und Papa nimmt meistens Schokolade oder Nusseis.
Endlich waren wir alle startklar und radelten los. Es ging immer geradeaus den Radweg entlang. Mein Bruder und ich haben ein kleines Wettrennen gemacht. Leider hat mein Bruder gewonnen, weil er schneller war als ich. Das hat mich schon ein bisschen geärgert.
Dann sind wir an der Eisdiele angekommen. Als ich endlich an der Reihe war, gab es kein Zitroneneis mehr. Das war richtig blöd! Ich musste eine Weile überlegen und hab dann ein Schokoladeneis genommen. Das hat mir zwar auch geschmeckt, aber ich hätte schon lieber Zitroneneis gehabt.
Nach dem Eis waren wir noch ein bisschen auf dem Spielplatz. Ich bin gestolpert und habe mir das Knie aufgeschürft. So ein blöder Tag heute! Mama hat mir ein Pflaster draufgeklebt.
Jetzt wurde es auch schon wieder Zeit, um nach Hause zu radeln.
Leider kam ein kleiner Herbstwind, sodass das Treten ganz schön schwer war und wir viel länger nach Hause gebraucht haben als sonst. Und dann hat es auch noch angefangen zu regnen.
Wir waren ganz nass, als wir endlich zu Hause ankamen.
Diesen Tag hatte ich mir ganz anders vorgestellt! Mama hat mich dann aber noch über-

rascht und hat aus dem Gefrierfach eine Packung Zitroneneis gezaubert. Mmhh, das war richtig lecker und ich habe ganz vergessen, dass der Tag anders abgelaufen ist als gehofft.

Läuten Sie nach dem Lesen der Geschichte erneut die Klangschale.

Sprechen Sie mit den Kindern über die Geschichte. Kennen sie solche Situationen, sprich, dass ein Tag nicht so schön wird, wie sie es gehofft hatten? Was ist ihnen da passiert? Gab es etwas, das ihnen geholfen hat? Wurden sie von jemandem getröstet?

Das brauchen Sie für die Vertiefung

- **Eine Schatztruhe**
- **Sorgenpüppchen**
- **Holzkugel**
- **Pfeifenputzer**

Vertiefung

Sie können mit den Kindern eine kleine Schatzkiste anlegen mit kleinen Sorgenpüppchen darin. Wenn die Kinder einen ganz schlechten Tag haben, dürfen sie sich aus der Schatzkiste zusammen mit Ihnen ein Sorgenpüppchen rausnehmen. Sorgenpüppchen sollen helfen, die Sorgen zu vertreiben.

So bastelt man ein Sorgenpüppchen:
Natürlich können Sie die Sorgenpüppchen auch mit den Kindern selbst herstellen. Dazu benötigen Sie eine Holzkugel mit einem Loch als Kopf. Auf die Kugel wird ein Gesicht aufgemalt.
Aus Pfeifenputzern gestalten Sie den Körper. Ein Pfeifenputzer wird in der Mitte geknickt und es werden die Beine daraus gemacht. Der zweite Pfeifenputzer wird ebenfalls in der Mitte geknickt und es werden die Arme daraus gestaltet.
Der dritte Pfeifenputzer wird der Körper, Arme und Beine werden mit einer Schnur um ihn gewickelt. Der Kopf wird auf das obere Stück des dritten Pfeifenputzers aufgesteckt. Fertig ist das Sorgenpüppchen.

Mein erster Trab

Ein Fantasiebesuch auf dem Ponyhof

Diese Geschichte eignet sich nicht nur für Kinder, die Ponys lieben, sondern sie handelt auch vom Mutigsein und davon, Neues auszuprobieren.

Das brauchen Sie

Ab 4 Jahren

- **Eine kleine Matte pro Kind**
- **CD-Player mit Entspannungsmusik**
- **Klangschale**

Legen Sie die Matten bereit. Lassen Sie die Entspannungsmusik erklingen, bis alle Kinder bequem liegen. Dann läuten Sie die Klangschale und beginnen mit der Geschichte.

Geschichte

Heute ist ein ganz besonderer Tag für mich. Ich darf mit meiner Freundin, ihrer Mama und meiner Mama auf einen Ponyhof zum Reiten fahren.

Ich bin schon ganz aufgeregt und freue mich sehr. Ich bin zwar schon öfters auf einem Pony geritten, aber immer nur im Kreis.

Die Mama meiner Freundin hat ein Pferd und kann sehr gut reiten. Meine Freundin hat es gut, die darf regelmäßig auf dem Pferd ihrer Mama reiten. Aber manchmal darf ich auch mitkommen. Einmal sind wir sogar mit einer kleinen Kutsche gefahren. Das war toll.

Ich war sehr aufgeregt und habe meine Mama den ganzen Vormittag gefragt, wann wir endlich zum Ponyhof fahren.

Der Weg war ganz schön weit, aber endlich sind wir am Ponyhof angekommen.

Jede von uns bekommt ein Pony. Mein Pony heißt Susi und das Pony meiner Freundin Resi.

Unsere Mamas führen uns. Leider ist mein Pony etwas faul und will nicht so schnell laufen wie das Pony meiner Freundin. Das ist schade, so können wir uns unterwegs kaum unterhalten.

Die Mama meiner Freundin hat die Idee, dass wir etwas traben könnten. Dazu müssen wir

uns gut festhalten, denn wir werden ordentlich durchgeschüttelt.
Nur meine Mama hat etwas Angst. Aber sie will dann auch kein Spielverderber sein.
Alle haben richtig viel Spaß. Auch die Ponys sind über die Abwechslung richtig froh und traben zufrieden los. Sogar mein Pony Susi ist auf einmal gar nicht mehr so langsam. Ich halte mich gut fest, damit ich nicht herunterfalle. Unsere Mamas finden es aber ziemlich anstrengend, neben den Ponys herzulaufen, und so reiten wir dann wieder Schritt.
Auf dem Rückweg sind wir aber noch mal getrabt.
Viel zu schnell ist die Stunde vergangen. Zum Abschluss streicheln wir unsere Ponys und geben ihnen auch eine Karotte als Dank, weil sie so toll waren.
Wir spielen noch ganz lange auf dem Spielplatz und streicheln die Ziegen und Hasen, die es auf dem Gelände des Ponyhofes gibt. Dann gibt es für jeden von uns noch ein Eis. Es war ein toller Tag auf dem Ponyhof. Wir dürfen hoffentlich bald wiederkommen!
Auf dem Heimweg bin ich im Auto eingeschlafen und habe vom Reiten geträumt.

Läuten Sie nach dem Lesen der Geschichte erneut die Klangschale.

Vertiefung

Sprechen Sie mit den Kindern darüber, ob sie auch Situationen erlebt haben, in denen sie mutig waren und sich etwas getraut haben. Oder gab es Situationen, in denen sie sich etwas nicht getraut haben und vor etwas Angst gehabt haben? Die Kinder sollen lernen, dass es schön ist, mutig zu sein und etwas Neues auszuprobieren, aber dass es auch in Ordnung ist, wenn man sich manches nicht traut.

Wenn kleine Gespenster spuken

Aufregende Entspannungsgeschichte auf der Burg

Gibt es Gespenster wirklich? Diese Frage beschäftigt die Kinder nicht nur an Halloween. Meist haben sie Spaß an leicht gruseligen Geschichten. Aber natürlich ist diese Entspannungsgeschichte für alle Kinder geeignet, denn es handelt sich um sehr liebe Gespenster.

Ab 3 Jahren

Das brauchen Sie

- **Eine kleine Matte pro Kind**
- **CD-Player mit Entspannungsmusik**
- **Klangschale**

Legen Sie die Matten bereit. Lassen Sie die Entspannungsmusik erklingen, bis alle Kinder bequem liegen. Dann läuten Sie die Klangschale und beginnen mit der Geschichte.

Geschichte

Es war einmal eine kleine Burg. Die Burg wurde nicht mehr bewohnt, aber es kamen jedes Jahr Besucher, um die Burg zu besichtigen. Leider wurden es aber jedes Jahr immer weniger und weniger. Bald würden wahrscheinlich gar keine Besucher mehr zu der Burg kommen, denn es gab dort nicht wirklich viel zu sehen. Die kleinen Gespenster, die auf der Burg lebten, machten einen Plan, wie die Burg wieder interessant werden könnte. Sie überlegten sich, dass sie vielleicht etwas spuken könnten und die Leute dann neugierig auf die Burg werden würden.
Die Eltern der kleinen Gespenster waren damit einverstanden. Gemeinsam machten sie einen Plan. Bei der nächsten Besuchergruppe riefen sie laut „huhu“ und rasselten mit den Ritterrüstungen. Auch warfen sie Dinge auf den Fußboden. Die Besuchergruppe erschrak und glaubte, dass es auf der Burg spukte. Die kleinen Gespenster mussten kichern.
Seitdem kamen immer mehr und mehr Besucher in das Spukschloss. Alle wollten selbst sehen, ob es spukt. Manche Besucher liefen ganz schnell davon, als sie die kleinen Gespenster „huhu“ rufen hörten, aber sie erzählten allen ihren Freunden von der Burg. So kamen stetig neue Besucher. Die Burg war gerettet und alle Gespenster glücklich.

Das traurige Windkind

Gefühlvolle Geschichte über die schönen Seiten des Lebens

Manchmal ist jeder von uns etwas traurig. Auch Kinder kennen dieses Gefühl und können sich so gut mit dem kleinen Windkind identifizieren.

Ab 3 Jahren

Das brauchen Sie

- **Eine kleine Matte pro Kind**
- **CD-Player mit Entspannungsmusik**
- **Klangschale**

Legen Sie die Matten bereit. Lassen Sie die Entspannungsmusik erklingen, bis alle Kinder bequem liegen. Dann läuten Sie die Klangschale und beginnen mit der Geschichte.

Geschichte

Es war einmal ein kleines Windkind. Das wartete schon sehr, sehr lange darauf, dass es mit seiner Mama zum ersten Mal auf die Erde fliegen und als kleiner Windstoß pusten durfte. Endlich war es so weit. Glücklich flog das kleine Windkind an der Hand seiner Mutter auf die Erde. Die Reise dauerte ganz schön lange, aber endlich landeten sie. Der kleine Wind nahm all seinen Mut zusammen und pustete, so kräftig er konnte.

„Bravo, mein Schatz“, lobte seine Mama.

Der kleine Wind pustete und pustete und es machte ihm großen Spaß.

Aber er hörte, wie die Menschen über den „blöden Wind“ schimpften. Das machte ihn sehr traurig und Tränen liefen über sein Gesicht.

Mama tröstete ihn: „Weißt du“, sagte sie, „auch wenn nicht alle Menschen den Wind lieben, so sind wir doch wichtig. Schau, siehst du die Kinder, die sich freuen, dass endlich Wind weht und sie ihren Drachen steigen lassen können? Oder die Bäume, die uns als Wind brauchen, um ihre Blätter zu verlieren? Und die Windmühlen und ganz besonders die Windräder brauchen uns!“

„Ja, da hast du recht“, freute sich das kleine Windkind und pustete jetzt extra stark.

Es pustete noch eine Weile kichernd den Drachen der Kinder an, bis es Zeit war, mit Mama wieder zurück nach Hause in den Himmel zu fliegen.

Vertiefung

Die Kinder dürfen mit einer Pappe versuchen, selbst Wind zu machen, indem sie diese kräftig hin- und herbewegen. Wer schafft es so, etwas vom Boden wegzubewegen, beispielsweise Papierschnipsel, Luftschlangen oder Blätter?

Reise ins Land der Edelsteine

Glitzernde Entspannung

Edelsteine sind etwas ganz Besonderes. Sie haben eine hohe Faszination für Kinder. Das Glitzern und Leuchten sorgt für Begeisterung.

Das brauchen Sie

- **Für jedes Kind einen kleinen Edelstein**
- **Eine kleine Matte pro Kind**
- **CD-Player mit Entspannungsmusik**
- **Klangschale**

Legen Sie die Matten bereit. Lassen Sie die Entspannungsmusik erklingen, bis alle Kinder bequem liegen. Geben Sie jedem Kind einen kleinen Edelstein zum Befühlen, Streicheln und Festhalten in die Hand. Dann läuten Sie die Klangschale und beginnen mit der Geschichte.

Geschichte

Stellt euch vor, ihr habt eine Einladung bekommen ins Land der Edelsteine. Wollt ihr mitkommen? Dazu müssen wir alle einen kleinen Edelstein in die Hand nehmen und unsere Augen schließen.
Wir sind im Land der Edelsteine angekommen. Vor uns liegt eine wunderschöne Tür. Sie ist über und über mit Edelsteinen bedeckt.
Langsam wird die Tür geöffnet und ein kleiner Zwerg lacht uns freundlich an.
„Herzlich willkommen im Land der Edelsteine. Wir haben schon auf euch gewartet!", ruft er.
Noch etwas ängstlich folgen wir dem Zwerg.
Die ganze Höhle funkelt und glitzert. Jedes Höhlenzimmer leuchtet in einer anderen Farbe. Zuerst kommen wir in das Smaragdzimmer. Das leuchtet in einem wunderschönen Grün. Auch ein Bernsteinzimmer gibt es, das in warmen Gelbtönen strahlt. Wir bestaunen noch ein blaues und ein rosafarbenes Zimmer. Überall begegnen uns freundliche Zwerge, denen wir zuwinken.
Immer weiter und weiter gelangen wir in die Höhle. In der Mitte, inmitten eines bunt glitzernden und funkelnden Raumes, steht eine riesige große Schatztruhe. Neugierig bleiben wir vor der Schatztruhe stehen.
Es ist ganz leise. Der Zwerg holt einen Zauberstab hervor und murmelt: „Finkel, fankel, funkel, gleich ist es nicht mehr dunkel."
Und siehe da: Langsam öffnet sich die riesige Schatztruhe mit einem Knarren.
In der Schatztruhe sind viele verschiedene Edelsteine in wunderschön leuchtenden Farben. Wir kommen aus dem Staunen nicht mehr heraus.
Leise spricht der Zwerg: „Jeder Gast darf sich als Erinnerung an die Reise ins Land der Edelsteine einen Stein aussuchen und mit nach Hause nehmen.
Welchen Edelstein wollt ihr mitnehmen? Wie sieht er aus?"

Langsam dürfen die Kinder ihre Augen öffnen und wer mag, darf erzählen, wie er sich seinen Edelstein vorstellt.

Die glücklichsten Schnecken der Welt

Gefühlvolle Entspannungsgeschichte zum Nachdenken

Manchmal wäre jeder von uns gerne anders, besser, schneller oder musikalischer. Die Geschichte der Schnecken regt die Kinder zum Nachdenken an.

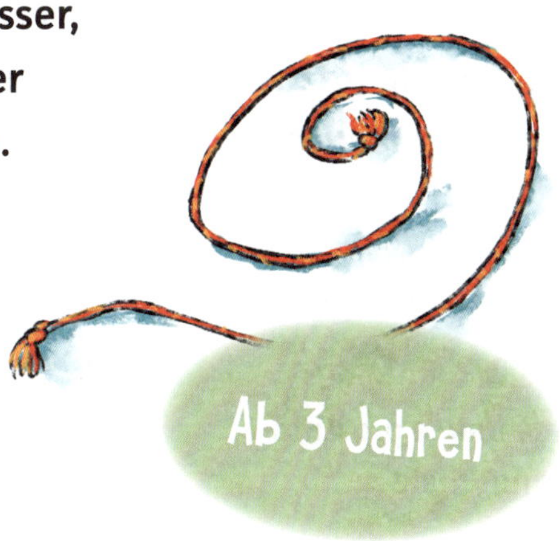

Das brauchen Sie

- **Eine kleine Matte pro Kind**
- **CD-Player mit Entspannungsmusik**
- **Klangschale**

Legen Sie die Matten bereit. Lassen Sie die Entspannungsmusik erklingen, bis alle Kinder bequem liegen. Dann läuten Sie die Klangschale und beginnen mit der Geschichte.

Geschichte

Es waren einmal zwei kleine Schneckengeschwister. Gemeinsam spielten sie jeden Tag. Besonders gerne spielten sie Fangen und Verstecken. Manchmal gewann die eine Schnecke und manchmal gewann die andere.
Eines Tages kam eine andere Schneckenfamilie zu Besuch. Diese hatte auch zwei Schneckenkinder, die jedoch ganz unglücklich waren. Sie wollten keine langsamen Schnecken sein, sondern am liebsten ein anderes Tier, das viel, viel schneller ist.
Die vier Schneckenkinder begannen gemeinsam zu spielen. Da merkten auch die zwei traurigen Schneckenkinder, dass es nicht wichtig ist, immer nur schnell zu sein, sondern dass es genauso viel Spaß macht, zusammen zu spielen, auch wenn man langsamer ist.
Seit diesem Tag spielten die vier Schneckenkinder gerne zusammen. Und keine Schnecke war mehr traurig.

Das brauchen Sie für die Vertiefung

- **Ein langes Seil**

Vertiefung

Legen Sie ein langes Seil in Schneckenform. Nacheinander darf jedes Kind die Schnecke langsam in die eine Richtung entlangbalancieren und wieder zurück.

Mama und Papa Monster dürfen ausschlafen

Monster-Wellness für Groß und Klein

Kinder können sich sehr gut mit dieser Monstergeschichte identifizieren, da sie meist auch früh aufstehen möchten.

Ab 3 Jahren

Das brauchen Sie:

- **Eine Matte pro Kind**
- **Klangschale**

Legen Sie die Matten aus und dunkeln Sie den Raum leicht ab. Läuten Sie zu Beginn die Klangschale und beginnen Sie dann, die Geschichte vorzulesen.

Geschichte

Heute ist Samstagabend. Auch die Kinder der Familie Monster möchten nicht ins Bett. Mal hat ein kleines Monster noch Durst, ein anderes kleines Monster möchte noch sein Bild fertigmalen und das dritte und kleinste Monster findet seine Zahnbürste nicht. Mama und Papa Monster wünschen sich auch mal Ruhe.
„Liebe kleinen Monsterkinder", sagt Mama Monster. „Wir lieben euch sehr, aber jetzt wird es Zeit, ins Bett zu gehen, damit wir auch etwas Ruhe haben."
Da machen die Monsterkinder einen Plan. Sie wecken Mama und Papa Monster nicht schon früh am Morgen, sondern schleichen sich ganz leise ins Wohnzimmer und spielen dort mit ihren Monsterspielsachen.
Später überraschen sie Mama und Papa Monster mit einem leckeren Frühstück.
Mama und Papa staunen nicht schlecht, als sie entspannt und ausgeschlafen mit einem leckeren Monsterfrühstück begrüßt werden.
So ein toller Morgen. Gemeinsam macht Familie Monster ein gemütliches Frühstück.
„Eine wirklich schöne Überraschung!", freuen sich Mama und Papa Monster.

Zum Abschied darf jedes Kind ein Monsterbild malen. Wie werden die kleinen Monster wohl aussehen?

Entspannt durch Stilleübungen, Rhythmik & Tänze

Entspannung ist nicht ausschließlich etwas, das man nur im Liegen oder Sitzen machen kann. Es gibt vielfältige Arten der Entspannung. Neben der Entspannung in der Stille ist es ebenso möglich, aktive Entspannung durch wiederholende Bewegungen oder durch ruhige Tänze zu erreichen.

Meeresrauschen

Aktive Entspannung mit dem Schwungtuch

Ein Schwungtuch kann sehr beruhigend wirken, wenn die Bewegungen langsam und fließend durchgeführt werden.

Ab 3 Jahren

Das brauchen Sie

- **Musik mit Meeresrauschen**
- **Schwungtuch**

Zu Beginn läuft das Meeresrauschen im Hintergrund. In der Mitte liegt das Schwungtuch. Ein Kind darf sich in die Mitte des Schwungtuches legen. Alle anderen Kinder versammeln sich in gleichmäßigen Abständen um das Schwungtuch und bewegen es vorsichtig hoch und wieder herunter. So fühlt es sich an wie Wellen. Das Kind, das im Schwungtuch liegt, darf entscheiden, wie stark die Wellen sein sollen. Jedes Kind, das möchte, darf sich in das „Meer" legen.

Wir schütteln uns

Entspannung durch Lockerungsübungen

Ab 3 Jahren

Ein Durchschütteln der einzelnen Körperteile lockert die Muskeln und hilft den Kindern, sich zu konzentrieren.

Finger schütteln, Finger schütteln,

die Finger ausschütteln

das macht Spaß, das macht Spaß!

in die Hände klatschen

Arme schütteln, Arme schütteln,

Arme ausschütteln

das macht Spaß, das macht Spaß!

in die Hände klatschen

Köpfchen schütteln, Köpfchen schütteln,

mit dem Kopf wackeln

das macht Spaß, das macht Spaß!

in die Hände klatschen

Popo schütteln, Popo schütteln,

mit dem Hintern wackeln

das macht Spaß, das macht Spaß!

in die Hände klatschen

Knie schütteln, Knie schütteln,

mit den Knien wackeln

das macht Spaß, das macht Spaß!

in die Hände klatschen

Jetzt gehen die Kinder paarweise zusammen. Sie stellen sich gegenüber, geben sich die Hände und versuchen, die Übungen gemeinsam durchzuführen.

Kleines Glöckchen, wandere!

Durch achtsames Hören zur Ruhe kommen

Angenehmen Geräuschen zu lauschen, kann sehr beruhigend wirken und für Konzentration sorgen.

Ab 3 Jahren

Das brauchen Sie

- **Ein kleines Glöckchen**

Übungen

1. Übung: Glöckchen weitergeben
Ein kleines Glöckchen wird reihum gegeben. Die Kinder versuchen, dabei ganz leise zu sein und das Glöckchen so behutsam weiterzugeben, dass es nicht erklingt.

2. Übung: Mit dem Glöckchen im Kreis gehen
Als Steigerung darf jedes Kind vorsichtig eine Runde im Kreis gehen, ebenfalls ohne das Glöckchen zum Läuten zu bringen.

3. Übung: Wo ist das Glöckchen?
Ein Kind darf kurz vor die Tür gehen, ein anderes Kind bekommt das Glöckchen. Das Kind wird hereingeholt und bekommt die Augen verbunden. Errät das Kind, aus welcher Richtung das Glöckchen läutet? Jedes Kind, das möchte, darf einmal das Glöckchen „erhören“.

Massage mit dem Kuscheltier

Kuscheliges Massagespiel

Ab 3 Jahren

Die meisten Kinder haben ein Kuscheltier, das ihnen wichtig ist. Wenn das Kuscheltier die Massage übernimmt, ist das ein besonderes Erlebnis für alle.

Das brauchen Sie

- **Ein Kuscheltier pro Kind**

Die Kinder gehen paarweise zusammen. Jedes Kind hat sein Kuscheltier dabei, gemeinsam erleben sie eine erholsame Zeit.

Zuerst dürfen die Kinder ihr Kuscheltier massieren. Hier können Sie ihnen zeigen, wie sie sich massieren können.

- den Rücken hoch- und runterstreichen
- mit kreisenden Bewegungen streichen
- vorsichtig den Rücken klopfen

Jetzt darf ein Kind mit dem Kuscheltier in der Hand das andere Kind am Rücken massieren. Das ist besonders für Kinder angenehm, die nicht so gerne Nähe haben. Im Anschluss wird gewechselt.
Die Kinder können die Massage auch zu Hause an ihrer Familie ausprobieren. Auch diese wird begeistert sein.

Rhythmisches Klatschen

Mit Körpermusik zur Ruhe finden

Ab 2 Jahren

Auch mit Körpermusik gelingt es, zur Ruhe zu kommen, wenn die unterschiedlichen Klanggesten wie Klatschen oder Patschen mehrfach wiederholt werden. Die Kinder finden durch die Konzentration zur Ruhe.

Zuerst abwechselnd mit den Beinen jeweils zweimal stampfen.
Dann viermal auf die Oberschenkel patschen.
Viermal in die Hände klatschen.
Mehrfach wiederholen, dann passend dazu sprechen:
Stamp-fen, stamp-fen
Pat-schen, pat-schen
Klat-schen, klat-schen

Diese Übung wird im Stehen durchgeführt. Sie beginnen mit der Übung, die Kinder machen mit.
Fragen Sie die Kinder auch nach eigenen Ideen. Wenn eines der Kinder möchte, kann es auch für alle anderen den Dirigenten geben und die Übungen vormachen. Vielleicht haben noch weitere Kinder Lust und denken sich eigene Bewegungen aus, die Musik erzeugen können?

Die liegende Acht

Körperübungen in Zahlenform

Ab 5 Jahren

Die liegende Acht ist eine Übung aus der Kinesiologie, die beide Gehirnhälften miteinander verknüpft und die Konzentration schult.

Das brauchen Sie

- **Ausgedruckte „8“ aus Papier**
- **Mehrere Tennisbälle**
- **Langseil**

Übungen

Betrachten Sie gemeinsam mit den Kindern die Zahl Acht. Jetzt machen Sie gemeinsam die Acht in verschiedenen Variationen nach.

1. Übung: Mit den Händen eine Acht formen
Zuerst beide Hände ausgestreckt vor den Körper halten und die Handinnenflächen aneinanderlegen. Jetzt wird mit den ausgestreckten Armen eine Acht in die Luft gemalt. Diese Übung wird dreimal wiederholt.

2. Übung: Durch die Beine eine Acht formen
Ein kleiner Tennisball wird durch die gegrätschten Beine gereicht und bildet somit eine Acht. Die Übung wird dreimal wiederholt.

3. Übung: Eine Acht balancieren
Ein Langseil wird zu einer Acht gelegt. Nacheinander dürfen alle Kinder die Zahl nachbalancieren.

Such dir eine Wolke

Meditative Betrachtung

Das Beobachten von Wolken ist nicht nur interessant, sondern lädt auch zum Träumen ein und kann sehr beruhigend sein. Je länger man die Wolken betrachtet, desto mehr wird man in ihnen verschiedene Formen entdecken.

Das brauchen Sie

- **Ein Sitzkissen pro Kind**
- **Blauer Fotokarton**
- **Weiße Watte**
- **Kleber**

Ab 3 Jahren

Alle Kinder dürfen sich auf einem Sitzkissen auf die Wiese setzen. Gemeinsam betrachten sie die Wolken.
Nach einer Weile stellen Sie Fragen für die Kinder.
Sind viele Wolken am Himmel zu sehen?
Welche Formen könnten die Wolken haben? Was erkennt ihr?
Gefällt euch eine Wolke ganz besonders gut?

Jetzt dürfen sich die Kinder eine Lieblingswolke am Himmel suchen. Haben sie eine gefunden?
Jedes Kind darf seine Lieblingswolke zeigen. Anschließend beobachten wir alle unsere Lieblingswolke.
Verändert sich unsere Wolke oder bleibt sie gleich?

Dann wird es Zeit, sich von den Wolken zu verabschieden. Gemeinsam winken wir unserer Lieblingswolke zum Abschied zu.

Die Kinder dürfen ein Wolkenbild gestalten. Mit weißen Wattebällchen können sie eine Wolke auf den blauen Fotokarton aufkleben. Was kann man in dem Wolkenbild erkennen?

Entspannung durch Wärme

Entspannte Momente und Kraft tanken durch Wärme

Ein wärmendes Kirschkernkissen ist angenehm und entspannt Körper und Geist. Diese Übung ist sowohl für Kinder als auch für Erwachsene sehr angenehm.

Ab 3 Jahren

Das brauchen Sie

- **Eine Matte pro Kind**
- **Ein Kirschkernkissen pro Kind**
- **Entspannungsmusik**

Erwärmen Sie die Kirschkernkissen im Backofen. Achten Sie aber darauf, dass diese nicht zu heiß sind, und überprüfen Sie die Wärme, bevor Sie die Kissen an die Kinder weitergeben. Die Kinder dürfen sich bei ruhiger Entspannungsmusik auf den Rücken legen und das Kirschkernkissen auf dem Bauch platzieren. Für ein paar Minuten spüren die Kinder nun die Wärme. Das Kirschkernkissen kann anschließend auch noch auf die Arme und Beine gelegt werden.

Wenn die Blumen zu blühen beginnen

Meditatives Tanzen

Durch einen Blütentanz können die Kinder das Wachstum von Blumen nachspielen und durch die ruhigen, fließenden Bewegungen des Tanzes entspannen.

Ab 3 Jahren

Das brauchen Sie

- **Chiffontücher in den Farben Rot, Gelb und Orange**
- **Entspannungsmusik**

Alle Kinder kommen im Kreis zusammen und setzen sich in der Hocke mit dem Kopf nach unten hin.

Unsere Blumen sind noch ganz klein.

Kinder bleiben in der Hockstellung mit dem Kopf nach unten

Die Blumen werden größer.

die Kinder richten den Oberkörper auf

Und größer.

alle stehen aufrecht und strecken die Arme nach oben

Sie öffnen ihren Blütenkelch.

die Arme öffnen

Und tanzen im Wind.

die ausgestreckten Arme hin- und herbewegen

Sie sind wunderschön und drehen sich vor Freude.

einmal drehen

Den Tanz mehrfach wiederholen, bis die Bewegungen fließend ausgeführt werden. So finden die Kinder leicht in die Ruhe.

Wir lernen Seiltanz

Gleichgewichtsübungen machen Spaß

Im Zirkus gibt es Seiltänzer. Auch im Kindergarten kann dies nachgespielt werden. Durch das Balancieren müssen sich die Kinder konzentrieren und werden ruhiger.

Das brauchen Sie

- **Langseil**
- **Regenschirm für Kinder**

Ab 4 Jahren

Nacheinander dürfen die Kinder auf einem Langseil balancieren. Durch das konzentrierte und langsame Gehen kommen die Kinder zur Ruhe. Verschiedene Schwierigkeitsstufen können sein:

- balancieren mit einem aufgespannten Regenschirm
- rückwärts balancieren
- in der Mitte eine Drehung und dann weiterbalancieren
- seitwärts balancieren

Besuch im Weltall

Bewegt unterwegs durch das All

Ab 3 Jahren

Viele Kinder träumen davon, mit einer echten Rakete zu fliegen oder einmal ein Astronaut zu sein.

Das brauchen Sie

- **Einen Stuhl pro Kind**

Alle setzen sich bequem auf ihren Stuhl. Beginnen Sie die Übung, indem sie den Kindern erzählen, dass sie gemeinsam mit einer Rakete ins Weltall fliegen.

Stell dir vor, du fliegst mit einer Rakete ins Weltall.
Die Rakete startet ganz langsam.

auf die Oberschenkel patschen

Sie wird schneller …

mit den Füßen stampfen

… und schneller …

auf die Oberschenkel patschen und mit den Füßen stampfen

… und schießt hoch in die Luft.

Hände in die Luft heben

Die Rakete muss eine lange Zeit fliegen, bevor sie im Weltall landet. Stell dir vor, wie es im Weltall wohl sein wird.
Endlich seid ihr im Weltall angekommen. Stellt euch vor, wie ihr ganz langsam aussteigt. Die Schwerkraft ist sehr stark. Ihr müsst rückwärtsgehen, um nicht umzufallen.

jetzt dürfen die Kinder selbst nacheinander zu zweit rückwärts auf dem Planeten gehen

Nun wird es aber höchste Zeit, wieder nach Hause zu fliegen.

gemeinsam wird der Raketenstart wie am Beginn durchgeführt

Jetzt sind alle wieder auf der Erde angekommen. War das ein aufregendes Abenteuer!

Steine bemalen

Kreative Entspannungsübung

Kinder sammeln in der Regel gerne Steine. Jedes Kind darf einen Stein bemalen, der so zu etwas ganz Besonderem wird.

Das brauchen Sie

Ab 3 Jahren

- **Plakafarben**
- **Pinsel**
- **Malkittel**
- **Entspannungsmusik**

Jedes Kind darf seinen Stein ruhig bei entspannter Musik nach eigener Vorstellung bemalen. Durch das konzentrierte, stille Malen kommen die Kinder zur Ruhe. Sobald alle Steine bemalt sind, findet eine Steinausstellung statt und jeder darf den anderen seinen Stein präsentieren. Anschließend dürfen die Kinder ihren Glücksstein mit nach Hause nehmen.

Schlaf, Kuscheltier, schlaf!

Beruhigende Schaukelbewegungen für kleine Freunde

Durch das Schaukeln und Singen kommen auch die Kinder zur Ruhe.

Ab 3 Jahren

Das brauchen Sie

- **Ein Sitzkissen pro Kind**
- **Ein Kuscheltier pro Kind**
- **Entspannungsmusik**

Alle setzen sich zu ruhiger Musik in den Kreis und beginnen, ihr Kuscheltier sanft hin- und herzuwiegen. Nach einer Weile beenden Sie die Musik und singen mit den Kindern mehrmals Schlaflieder für die Kuscheltiere. Nicht nur die Kuscheltiere kommen so zur Ruhe, sondern auch die stolzen „Eltern“ der Kuscheltiere.

Entspannt durch Yoga

Yoga ist mittlerweile nicht nur bei Erwachsenen sehr beliebt, um wieder mehr Ruhe und die innere Mitte zu finden. Auch für viele Kinder ist Yoga mittlerweile ein fester Bestandteil des Lebens. Yoga muss auch nicht kompliziert oder langweilig sein. Durch die zahlreichen lustigen Tierfiguren der Übungen finden auch Kinder einen direkten Zugang und eine schöne Möglichkeit, durch Bewegung zu entspannen.

Wenn Spinnenbabys groß werden

Yogaübung Spinne

Auch Kinder können bereits einfache Yogaübungen durchführen. Besonders toll ist es natürlich, wenn die Übungen Tiernamen haben und in eine Geschichte eingekleidet werden können.

Ab 4 Jahren

Das brauchen Sie

- **Eine kleine Matte pro Kind**
- **Klebeband**

Übung Spinne

Auf den Rücken legen. Die Füße aufstellen und die Arme nach oben drücken, sodass der Unterkörper sich vom Boden hebt und in der Luft ist.

Es war einmal eine Spinnenmama.

Sie machen die Spinne vor

Die bekam ganz viele kleine Spinnenbabys.

die Kinder dürfen die Spinne nachmachen

Die Spinnenbabys wurden größer und größer.

alle machen sich ganz groß und strecken den Oberkörper weit nach oben

Bis sie selbst eine große Spinne waren.

jeweils zwei Kinder finden sich zusammen. Ein Kind begibt sich in die Spinnenhaltung, das andere Kind legt sich mit dem Rücken quer darüber und geht ebenfalls in die Spinnenhaltung, sodass acht Beine „entstehen". Gelingt es dem Spinnenpaar, sich gemeinsam fortzubewegen?

Zum Abschluss mit Klebeband ein Spinnennetz auf den Boden kleben. Die Spinnen dürfen auf ihrem Spinnennetz herumkrabbeln. Entweder alleine als kleine Spinne oder zu zweit als große Spinne.

Kleine Krokodile wachen auf

Yogaübung zum Dehnen

Ab 3 Jahren

Diese Yogaübung hilft, den gesamten Rücken zu dehnen und zu entspannen.

Das brauchen Sie

- **Eine kleine Matte pro Kind**

Übung Krokodil

Auf den Rücken legen. Die Beine aufstellen. Beide Arme auf der jeweiligen Seite ausstrecken. Jetzt werden beide Knie im Wechsel nach links und nach rechts abgelegt. Der Kopf dreht sich dabei immer in die jeweils andere Richtung.

Es waren einmal kleine Krokodile. Sie lebten mit vielen anderen Tieren im Dschungel. Die Krokodile schliefen sehr viel. Und wenn sie wach wurden, mussten sie sich erst einmal strecken.

Kommt, lasst uns wie ein Krokodil aufwachen!

die Kinder legen sich auf den Rücken

Die Krokodilübung wird sechsmal durchgeführt.

Jetzt sind unsere Krokodile endlich wach.

die Kinder gehen als Krokodil durch den Raum. Dazu werden die Hände ausgestreckt und übereinandergehalten. Die obere Hand geht immer im Wechsel wie ein schnappendes Krokodil auf und zu. Nach einer Weile legen sich alle Krokodile wieder auf die Matte.

Ein etwas anderer Spaziergang

Überkreuzübungen leicht gemacht

Ab 5 Jahren

Bei der Überkreuzbewegung werden die linke und die rechte Gehirnhälfte gefordert. Dadurch wird Stress abgebaut und die Konzentration gestärkt.

Das brauchen Sie

- **Ein Sitzkissen pro Kind**

Übung Überkreuzbewegung nach vorne

Im Stand zuerst das linke Bein angewinkelt nach oben ziehen und mit der rechten Hand auf das linke Knie klatschen. Dann den Fuß abstellen und die Übung mit dem anderen Bein wiederholen.

Übung Überkreuzbewegung nach hinten

Im Stand zuerst das linke Bein nach hinten anziehen und mit der rechten Hand auf das linke Knie klatschen. Dann den Fuß abstellen und die Übung mit dem anderen Bein wiederholen.

Alle Kinder sitzen auf ihrem Sitzkissen. Sie beginnen, die Geschichte zu erzählen.

Es ist Sonntag. Die Sonne scheint und Mama und Papa möchten spazieren gehen. „Wie langweilig!“, maule ich. Aber Mama meint, es wird ein spannender Spaziergang werden.

Kinder stehen auf und gehen ganz langsam im Raum umher

Sobald wir auf einem Feldweg angekommen sind, erklärt mir Mama die Übungen, die wir während des Spaziergangs machen wollen. Zuerst machen wir die Überkreuzbewegung nach vorne. Mama macht sie mir vor und Papa und ich machen sie nach.

die Kinder machen die Überkreuzbewegung nach vorne mehrmals nach

Puh, ganz schön anstrengend! Wir atmen laut ein und aus.
„Kommt, lasst uns weitergehen“, ruft Mama. Jetzt macht mir das Spazierengehen sogar richtig Spaß. Ich bin gespannt, was Mama noch für eine Übung hat.

die Kinder gehen etwas schneller durch den Raum

Als wir auf dem Rückweg sind, zeigt uns Mama die zweite Übung. Nun machen wir die Überkreuzbewegung nach hinten.
„Das ist ziemlich schwierig“, meint Mama, da man schnell das Gleichgewicht verlieren kann.

die Kinder dürfen mehrmals die Übung ausprobieren

Puh, das ist ganz schön anstrengend!
Auf dem Nachhauseweg sind wir zwar müde, aber der Spaziergang hat richtig Spaß gemacht!

die Kinder dürfen langsam gehen und sich dann auf ihr Sitzkissen setzen

Ein Tag bei den Schildkröten

Beruhigende Yogaübung in zwei Variationen

Die ruhige Übung der Schildkröte entspannt Rücken, Schultern und Nacken. Den Kindern wird es Spaß machen, sich die Schildkröte vorzustellen und ihre langsamen Bewegungen nachzumachen.

Ab 3 Jahren

Übung 1: Schildkröte

Alle Kinder sitzen im Fersensitz. Die Knie etwas nach außen schieben, die Füße bleiben aber zusammen. Das sieht wie ein Dreieck aus. Die Arme nach vorne austrecken und übereinanderlegen. Der Oberkörper wird nach vorne gebeugt und die Arme werden zwischen den Beinen durchgeschoben.

Übung 2: Variante Schildkröte

Zuerst bequem hinsetzen. Die Beine werden aufgestellt, der Oberkörper nach vorne gebeugt und die Arme unter den Beinen hindurchgeschoben. Der Kopf schaut nach unten und berührt die Beine.

Übungen

1. Übung:

Die Sonne scheint. Die Schildkrötenfamilie sitzt am Strand, genießt das schöne Wetter und entspannt sich.

die Kinder dürfen die Übung Schildkröte durchführen

Übung 2:

Manchmal wird es den Schildkröten aber auch unbequem und sie nehmen eine andere Haltung ein.

die Kinder dürfen die Variante der Schildkröte durchführen

Die beiden Übungen werden im Wechsel dreimal durchgeführt.

Der kleine und der große Bär

Yogaübung in einer bärigen Geschichte verpackt

Der Inhalt der Geschichte wird den Kindern aus eigener Erfahrung bekannt vorkommen. Sie hat neben dem Lerneffekt auch den Vorteil, dass Arm- und Beinmuskulatur gestärkt werden.

Das brauchen Sie

- Eine Matte pro Kind
- Ein kleines Kissen

Ab 3 Jahren

Übung Bär

Auf den Rücken legen, Arme und Beine nach oben strecken. Die Handfläche zeigen ebenfalls nach oben. Tief ein- und ausatmen.

Alle Kinder sitzen auf ihrer Matte. Zeigen Sie ihnen nun die Übung Bär. Die Kinder dürfen diese nachmachen und sind jetzt alle kleine Bären. Die Übung Bär wird dreimal wiederholt. Nach der Übung dürfen sich die Kinder bequem hinlegen und der Bärengeschichte lauschen.

Geschichte

Es war einmal ein kleiner Bär, der lebte mit dem großen Bären in einer gemütlichen Bärenhöhle. Dem kleinen Bären war heute so langweilig. Er fragte den großen Bären: „Du, großer Bär, spielst du mit mir?“

„Gleich, kleiner Bär“, sagte der große Bär. „Ich muss erst noch unsere Bärenhöhle aufräumen. Mal doch in der Zeit ein schönes Bild.“

„Ich mag nicht“, antwortete der kleine Bär.

„Dann schau dir doch dein neues Buch an.“

„Mag nicht“, antwortete der kleine Bär.

Der große Bär legte seinen Besen weg, nahm den kleinen Bären in den Arm und rief: „Kissenschlacht!“

Der große Bär und der kleine Bär machten eine wilde Kissenschlacht.

Anschließend durfte der große Bär in Ruhe die Bärenhöhle aufräumen und der kleine Bär malte ein Bild.

Wenn die Kinder möchten, dürfen sie auch eine Kissenschlacht machen und sich das kleine Kissen vorsichtig zuwerfen.

Die neugierigen Fische

Yogaübung Fische

Fische sind beliebte Haustiere. Bestimmt haben einige Familien ein Aquarium zu Hause. Diese Übung wirkt beruhigend und dehnend zugleich.

Ab 3 Jahren

Das brauchen Sie

- **Eine Matte pro Kind**

Übung Fisch

Auf den Rücken legen. Die Fußsohlen aneinanderpressen und die Knie jeweils auf eine Seite fallen lassen. Die Hände unter den Po legen. Der Rücken wird nach oben gedrückt und der Kopf nach hinten gelegt. Nun mit dem Mund ein „Fischmaul" machen und gleichmäßig atmen.

Zeigen Sie den Kindern die Fischübung. Die Kinder dürfen dann selbst Fische werden. Wiederholen Sie die Übung gemeinsam dreimal. Im Anschluss dürfen sich die Kinder gemütlich hinlegen und der Geschichte lauschen.

Geschichte

Es war einmal eine Gruppe kleiner Fische. Die lebten bei Familie Kunterbunt in einem gemütlichen Haus. Familie Kunterbunt, das waren Mama und Papa Kunterbunt und die beiden Kinder Theresa und Franziska.

Die Fische betrachteten täglich das muntere Treiben der Familie Kunterbunt. Besonders am Morgen, wenn die beiden Kinder zur Schule mussten, ging es oftmals sehr turbulent zu. Alles Mögliche wurde gesucht, Schuhe, Jacken und vieles mehr. Mama Kunterbunt suchte fast täglich ihren Haustürschlüssel.

Wenn alle außer Haus waren, konnten die Fische die ruhige Zeit genießen. Aber natürlich freuten sie sich auch, wenn wieder alle zu Hause waren, mit ihnen redeten und ihnen Futter gaben.

Mit dem Bauch atmen

Durch gezielte Atemübungen zur Ruhe kommen

Fast immer atmen wir, ohne weiter darüber nachzudenken. Eine bewusste Bauchatmung entspannt und beruhigt.

Ab 4 Jahren

Das brauchen Sie

- **Eine Matte pro Kind**
- **Entspannungsmusik**

Alle legen sich mit dem Rücken auf die Matte. Die Hände werden auf den Bauch gelegt. Jetzt durch die Nase tief einatmen. Die Bauchdecke hebt sich dabei. Durch den Mund kräftig ausatmen. Das Ausatmen kann auch mit einem kräftigen „Phh“ begleitet werden. Die Atemübung mehrfach wiederholen.

Zwei Hasen auf Ausflug

Eine spannende Abenteuergeschichte

Ab 3 Jahren

Hasen und Kaninchen sind beliebte Haustiere, die sich gerne streicheln lassen. Die Yogaübung Hase ist eine angenehme Haltung, die sich beruhigend auf die Kinder auswirkt.

Übung Hase

Auf die Matte setzen und die Beine bis zu den Knien anziehen. Die Knie werden dann etwas nach außen gedrückt. Mit den Armen durch die Beine greifen. Jetzt noch an den Füßen festhalten und fertig ist die Yogaübung Hase.

Zeigen Sie den Kindern zuerst die Übung Hase. Dann dürfen die Kinder die Übung nachmachen. Wiederholen Sie die Übung Hase gemeinsam dreimal.

Geschichte

Es waren einmal zwei Hasen, die lebten bei einer Familie in einem kleinen Dorf. Jeden Tag kümmerte sich das Mädchen Lena um ihre beiden Hasen Schneeflocke und Hoppel. Sie wurden gefüttert, gekuschelt und auch kleine Tricks wurden den Hasen beigebracht. Sogar mit einem kleinen Klingelball konnten die Hasen spielen. Am Abend wurden die Hasen immer zurück in den Stall gebracht.

Eines Tages ließ Lenas Mutter aus Versehen den Hasenstall offen. Schneeflocke und Hoppel nutzten die Gelegenheit, um die Umgebung zu erkunden. Übermütig hüpften sie aus ihrem Stall und spielten zuerst im Garten Fangen. Dann krochen sie durch ein verstecktes Loch im Zaun in den Garten des Nachbarn. Sie fanden es dort sehr interessant. Alles war fremd und unbekannt und es gab sehr viel zu entdecken. Doch plötzlich hörten sie einen Hund bellen. Oh weh! Schnell hoppelten Schneeflocke und Hoppel wieder zurück in ihren Stall.

Als Lena mittags nach ihren Hasen sah, bemerkte sie sofort die offene Stalltür. Sie war sehr froh, als sie sah, dass Hoppel und Schneeflocke zufrieden Karotten knabberten. Sie kuschelte ausgiebig mit beiden.

Seit ihrem Abenteuer blieben Hoppel und Schneeflocke gerne in ihrem Stall.

Komm, lass uns Fahrrad fahren!

Eine lustige Partnerübung

Fahrrad fahren macht den meisten Kindern Spaß. Auch beim Yoga gibt es einige Partnerübungen, z. B. das Fahrradfahren, das die Koordination fördert und Freude macht.

Das brauchen Sie

- **Eine Matte pro Kind**

Ab 4 Jahren

Überlegen Sie gemeinsam mit den Kindern ein Ziel, zu dem Sie gerne mit dem Rad fahren möchten.

Die Kinder gehen paarweise zusammen und legen sich gegenüber. Die Beine werden angehoben und die Fußsohlen berühren sich. Die Arme sind am Boden abgelegt. Jetzt versuchen beide Kinder zusammen, in der Luft Fahrrad zu fahren.

Nach einer Weile sind alle am Ziel angekommen!

Jetzt legen sie sich wieder entspannt auf die Matte und ruhen sich etwas aus. Dabei kräftig ein- und ausatmen.

Hund, Katz und Maus sind heut allein zu Haus

Tierische Yogageschichte

Je vertrauter die Kinder bereits mit Yoga sind, desto mehr Spaß werden sie an dieser tierreichen Geschichte haben.

Ab 5 Jahren

Das brauchen Sie

- **Eine Matte für jedes Kind**

Übung Hund

Im Stehen mit den Armen zu den Zehenspitzen gehen und dann langsam mit den Armen immer so weit wie möglich nach vorne gehen.

Übung Katze

In den Vierfüßlerstand gehen und den Rücken wie einen Katzenbuckel nach oben wölben. Der Kopf schaut nach unten.

Übung Maus

In den Fersensitz gehen. Den Oberkörper nach vorne ablegen. Die Hände jeweils seitwärts neben dem Oberkörper ablegen.

Heute ist Familie Müller auf einer Geburtstagsfeier. Die Haustiere bleiben allein im Haus.
Die Haustiere, das sind Hund,

Übung Hund machen

Katze

Übung Katze machen

und die Maus.

Übung Maus machen

Es klingelt an der Türe. Wer das wohl sein mag?
Der Hund bellt.

Übung Hund machen, dabei „wau, wau“ rufen

Die Katze miaut.

Übung Katze machen, dabei „miau, miau“ rufen

Die Maus piept.

Übung Maus machen, dabei „piep, piep“ rufen

Als Familie Müller nach Hause kommt, bringt sie ein Paket ins Haus. Es war der Postbote, der geklingelt hat.

Hörst du das Ticken?

Gleichgewicht halten durch Pendeln

Diese Übung erfordert große Konzentration. Aber, je öfter die Übung durchgeführt wird, desto besser gelingt sie!

Ab 5 Jahren

Das brauchen Sie

- **Einen Wecker, verdeckt in einem Korb**
- **Bild von einer Pendeluhr**

Versammeln Sie sich mit den Kindern im Kreis. Erraten die Kinder, was das für ein Geräusch ist?
Jetzt zeigen Sie den Kindern das Bild der Pendeluhr. Ob es der Gruppe gelingt, im Rhythmus zu pendeln?
Machen Sie den Kindern die Übung vor und lassen Sie die Kinder dann eigenständig üben. Als Abschluss können sie auf Kommando versuchen, alle gemeinsam zu pendeln.

Übung Pendel

Alle stellen sich gerade auf den Boden. Das Gewicht wird nach rechts verlagert und das linke Bein nach oben gestreckt. Die Arme schwingen nach links. Dann das Ganze in die entgegengesetzte Richtung wiederholen.

Der Tag beginnt auf dem Bauernhof

Yogageschichte für geübte Yogis

Wenn die Kinder bereits mit Yoga vertraut sind, werden sie an dieser Bauernhofgeschichte bestimmt großen Spaß haben.

Ab 5 Jahren

Das brauchen Sie

- **Eine Matte pro Kind**

Übung Hahn

Im Schneidersitz werden die Fingerspitzen auf die Schultern gelegt. Die Ellenbogen werden wie zwei Flügel vor dem Körper hoch und runter bewegt.

Übung Kuh

In den Vierfüßlerstand gehen, den Rücken strecken und den Bauch nach unten hängen lassen. Der Blick ist nach vorne gerichtet.

Übung Hund

Im Stehen mit den Armen zu den Zehenspitzen gehen und dann langsam mit den Armen immer so weit wie möglich nach vorne gehen.

Übung Katze

In den Vierfüßlerstand gehen und den Rücken wie einen Katzenbuckel nach oben wölben. Der Kopf schaut nach unten.

Es ist noch früh am Morgen. Der Hahn ist bereits wach.

die Kinder dürfen die Übung Hahn machen, dreimal wiederholen und dabei „Kikeriki" rufen

Mit seinem lauten „Kikeriki" hat der Hahn schon die Kühe aufgeweckt. Diese machen fröhlich „Muh".

die Kinder dürfen die Übung Kuh machen, dreimal wiederholen und dabei „Muh" rufen

Auch den Hofhund

Übung Hund machen

und die Katze

Übung Katze machen

hat der Hahn aufgeweckt.

Übung Hahn machen

Guten Morgen, alle zusammen.
Bald werden auch die Menschen auf dem Bauernhof erwachen!

Impressum

Bibliografische Information der Deutschen Bibliothek
Die Deutsche Bibliothek verzeichnet diese Publikation in der Deutschen Nationalbibliografie; detaillierte bibliografische Daten sind im Internet über http://dnb.ddb.de abrufbar.

3. Auflage 2026

Text: Michaela Lambrecht
Illustrationen: Anna Karina Birkenstock
Satz & Gestaltung: Katrin Kleinschrot

Druck und Bindung: Grafisches Centrum Cuno, Calbe
ISBN 978-3-7806-5148-8